Kenneth Copeland

Ahora estamos en
CRISTO
JESÚS

PUBLICACIONES
KENNETH COPELAND

Ahora Estamos en Cristo Jesús

Now Are We in Christ Jesus
ISBN 978-0-88114-308-9   30-0015S

26 25 24 23 22 21   28 27 26 25 24 23

Publicaciones Kenneth Copeland
Fort Worth, TX 76192-0001

Para obtener más información acerca de los Ministerios Kenneth Copeland, visita es.kcm.org, o llama al 1-800-600-7395 (EE.UU.) ó al +1-817-852-6000 (Internacional). Nuestros ministros de habla hispana están esperando tu llamada.

Ahora estamos en Cristo Jesús

No ceso de dar gracias por ustedes al recordarlos en mis oraciones, para que el Dios de nuestro Señor Jesucristo, el Padre de gloria, les dé espíritu de sabiduría y de revelación en el conocimiento de él. Pido también que Dios les dé la luz necesaria para que sepan cuál es la esperanza a la cual los ha llamado, cuáles son las riquezas de la gloria de su herencia en los santos… Nosotros somos hechura suya; hemos sido creados en Cristo Jesús para realizar buenas obras, las cuales Dios preparó de antemano para que vivamos de acuerdo con ellas. Por lo tanto ustedes, que por nacimiento no son judíos, y que son llamados «incircuncisos» por los que desde su nacimiento han sido físicamente circuncidados, deben recordar esto: En aquel tiempo ustedes estaban sin Cristo, vivían alejados de la ciudadanía de Israel y eran ajenos a los pactos de la promesa; vivían en este mundo sin Dios y sin esperanza. Pero ahora, en Cristo Jesús, ustedes, que en otro tiempo estaban lejos, han sido acercados por la sangre de Cristo (Efesios 1:16-18, 2:10-13).

Cuando aceptaste a Jesús como el Señor de tu vida, sucedió lo siguiente: fuiste creado en Jesucristo y adquiriste el derecho a una herencia. Ahora estás en Cristo Jesús. Eres hijo de Dios.

En el mundo físico, naciste de tu madre. No fuiste creado, sino que naciste. Pero en el reino espiritual, al aceptar a Jesús como tu Señor, "naciste de Dios"; fuiste recreado por Él. Se originó un cambio, y ocurrió una creación. Renaciste. La Biblia dice en 2 Corintios 5:17 que eres una nueva creación: «De modo que si alguno está en Cristo, ya es una nueva creación; atrás ha quedado lo viejo: ¡ahora ya todo es nuevo!». La traducción literal del griego dice que eres *una nueva especie que nunca antes había existido*.

Cuando aceptaste a Jesús como tu Señor, ocurrió una transformación: la antigua naturaleza —el ser espiritual no regenerado— fue reemplazada por un nuevo hombre creado en Cristo Jesús. Lo viejo pasó, y lo nuevo llegó. Este nuevo nacimiento ocurrió gracias al poder creador de Dios, y se realizó en tu interior —en tu espíritu—.

El proceso de "creación" que sucedió al renacer, es el mismo que se describe en Génesis 1. En el primer versículo, la palabra *creó* revela que antes de que Dios formara los cielos y la Tierra, no existía nada semejante en ningún lugar. Lo mismo ocurre en "la nueva creación en Cristo Jesús". Tú eres "una nueva especie que nunca antes había existido".

Estar en Cristo

Eres un individuo total y completamente único. Jamás ha habido, ni nunca habrá, otra persona igual a ti. Cuando recibiste a Jesús como tu Señor, Dios te dio vida mediante Su poder creador. Naciste del Espíritu de Dios, y una semilla fue sembrada en tu corazón —la semilla incorruptible de la Palabra de Dios—. Y tú fuiste posicionado *en Cristo Jesús*.

En Efesios 2:13, leemos: «Pero ahora, en Cristo Jesús, ustedes, que en otro tiempo estaban lejos, han sido acercados por la sangre de Cristo». ¿Cuándo? *AHORA*. ¿Cuándo estás en Cristo? Desde el momento en que hiciste a Jesús el Señor de tu vida.

No sólo los que han muerto e ido al cielo están en Cristo Jesús, sino que también los creyentes que se encuentran acá en la Tierra. Efesios 1:10 lo explica de esta manera: «Con miras a una buena administración en el cumplimiento de los tiempos, es decir, de reunir todas las cosas en Cristo, tanto las que están en los cielos, como las que están en la tierra. En Él» (*LBLA*).

Esa escritura dice: «...todas las cosas en Cristo, tanto las que están en los cielos, como las que están en la tierra. En Él». Luego en el versículo 13, leemos: «También ustedes, luego de haber oído la palabra de verdad, que es el evangelio que los lleva a la salvación, y luego de haber creído en él, fueron sellados con el Espíritu Santo de la promesa».

Entender el significado de estar en Cristo es una revelación excepcional de la Palabra que cambiará tu manera de pensar, de creer, de actuar y de hablar.

Para mí, la manera más efectiva de comprender realmente qué significa estar en Cristo fue buscar en todas las cartas del Nuevo Testamento, comenzando con Romanos, la frase: *"estar en Cristo"*. Por ejemplo, hemos leído en 2 Corintios 5:17: «De modo que si alguno *está en Cristo,* ya es una nueva creación…». Las expresiones "estar en Cristo", "en quien" o "en Él" aparecen 134 veces en la Biblia. Encuentra esos versículos, léelos cuidadosamente, estúdialos y relaciónalos. Puedes estar seguro de que todo lo que la Palabra dice sobre "estar en Cristo" te pertenece, porque ahora estás en Él.

Estar en Cristo significa que "eres salvo". ¿Por qué? Porque has confesado con tu boca que Jesús es el Señor y has creído en tu corazón que Él fue levantado por Dios de entre los muertos (Romanos 10:9).

Estar en Cristo quiere decir que "estás sano". ¿Por qué? Porque Jesús fue a la Cruz, cargó con la maldición de la ley y destruyó el poder de las enfermedades y dolencias. Él tomó nuestra enfermedad; sin embargo, no permaneció enfermo. Jesús ahora es sano, y debido a que estamos *en Él,* ¡también nosotros estamos sanos!

Estar en Cristo significa que "eres libre". En Colosenses 1:13, leemos que Dios nos libró de la potestad de las tinieblas, y nos trasladó al reino de Su Hijo amado. Además, Jesús dijo que Él había sido enviado a pregonar libertad a los cautivos (Lucas 4:18).

En donde Jesús estuviera, había poder para sanar a las personas. ¿Por qué? Porque llevaba el poder dentro Suyo. Jesús dijo: «...el Padre, que vive en mí, es quien hace las obras»

(Juan 14:10). Todo el poder que se necesita para salvar, sanar, y librar a cualquier ser humano, vino a este mundo cuando el Espíritu Santo comenzó Su ministerio terrenal el Día de Pentecostés. Ahora, ese poder habita en tu interior, porque estás en Cristo. Así que puedes vivir, hablar, y actuar como Él lo hace. La Palabra de Dios te transformará completamente —espíritu, alma y cuerpo—.

La Biblia dice que Dios envió a Jesús para ser el primogénito entre muchos hermanos (Romanos 8:29). Dios sembró la semilla —Su Hijo, Jesús— para obtener una cosecha, y Su cosecha son todas las almas que han llegado a Su Reino. En este momento está actuando el principio multiplicador del ciento por uno.

Ahora, eres llamado un coheredero juntamente con Cristo. La Palabra dice que cuando aceptaste a Jesús como tu Señor, te hiciste un solo espíritu con Él. Por lo tanto, Dios te ve dentro de Cristo. Hemos predicado que Jesús entra en la vida de una persona; sin embargo, poco hemos hablado del hecho de que nosotros también hemos entrado en Él. Tú eres el Cuerpo de Cristo. Jesús dijo: «Si permanecen en mí, y mis palabras permanecen en ustedes, pidan todo lo que quieran, y se les concederá» (Juan 15:7). Tú permaneces en Él.

Efesios 1:4, dice: *«En él*, Dios nos escogió antes de la fundación del mundo, para que en su presencia seamos santos e intachables. Por amor…»*.

Ahora eres santo y sin culpa ante los ojos del Señor, gracias al amor de Jesús. Él hizo posible que Dios se convirtiera en tu Padre celestial. Tú ya no vives sin esperanza y sin Dios en el mundo (Efesios 2:12), pues has sido aceptado en el Amado (Efesios 1:6). La carta que Pablo le escribió a la iglesia de Éfeso, también es para ti, porque tú estás en Cristo. En esta carta Dios te está diciendo: "Te he aceptado en Mi Hijo. Estás en el Amado. Eres mío."

¿Alguna vez ha escuchado la frase: "Pero yo no soy digno"? Eso era verdad antes de ser salvo. No merecía que Jesús hiciera ese sacrificio; no obstante, ¡Él lo hizo! Debido a que Cristo murió en tu lugar, ahora tú puedes vivir en Él. Jesús te convirtió en una persona digna. Has sido creado en Cristo, y no hay nada indigno en Él. Para Dios eres valioso no por tus acciones, sino gracias a Jesús y a lo que Él hizo por ti.

Has escuchado alguna vez a alguien decir: "Pero yo no soy nada, solo soy un siervo inútil e indigno". Eso era cierto antes de que fueras salvo. No merecías recibir lo que Jesús hizo por ti. ¡Pero Él lo hizo de todas maneras! Como Él murió por ti, tú ahora puedes vivir en Él; ya eres digno. Has sido recreado en Cristo Jesús, y no hay nada indigno en Él.

Pero no eres digno por algo que *tú* hayas hecho, sino por el mismo Jesús y lo que Él hizo por ti. Quizá digas: "Hermano, sé que estoy en Cristo Jesús, pero simplemente no puedo pararme y afirmar que estoy sano. No merezco ser sanado". Dios ya sabía que ninguno de nosotros lo merecería por cuenta propia. Si hay pecado en tu vida, deshazte de él. Si no puedes recibir la sanidad de Dios debido a la forma en la que has estado viviendo, ¡deja de vivir así! Arrepiéntete y ¡desecha lo malo de tu vida! La Palabra dice que Dios es fiel y justo para perdonar nuestros pecados cuando se los confesamos (1 Juan 1:9). Cuando confiesas tus faltas a Dios, Él te perdonará. Cuando peques, no huyas *de* Dios; más bien ¡corre *a* Su presencia! Si quieres rebelarte, no lo hagas contra Dios, sino contra el diablo. En la Biblia leemos: «Así que vuelvan en sí y vivan con rectitud, y no pequen…» (1 Corintios 15:34).

Como creyente nacido de nuevo, no estás bajo el dominio del pecado. El pecado tiene que irse de tu vida. Satanás es un enemigo derrotado; él no es tu dios. En Santiago 4:7 se nos enseña que si lo resistimos, él huirá de nosotros.

Necesitas verte a ti mismo "en Cristo" y comprender lo que esto significa. Hoy en día, si le preguntas a alguien: "¿Eres un hijo de Dios?". Te responderá: "¿Yo?, por supuesto que no". Y cuando les preguntas: "¿Eres salvo?". Te contestará: "Claro que sí, gracias a

Dios. Soy solo un viejo pecador salvo por gracia". ¡No! *¡Eras* un pecador!, pero ahora, ¡eres salvo por gracia! No puedes ser las dos cosas al mismo tiempo. Eres una nueva criatura en Cristo que ha nacido en el reino de Su amor. En lo que a Dios respecta, eres santo, puro y sin mancha ni culpa. Así que deja de pensar, hablar y actuar igual que el mundo. Desecha todas esas "etiquetas de pecado" de la religión, y empieza a confesar que eres la justicia de Dios en Cristo.

Tu herencia

¿Qué significa recibir una herencia? En Hechos 20:32, leemos: «Ahora los encomiendo a Dios y a Su palabra de bondad, la cual puede edificarlos y darles la herencia prometida con todos los que han sido santificados». La Palabra es lo que te edificará espiritualmente, y además, te entregará tu herencia.

Efesios 1:11 explica: «En él asimismo participamos de la herencia, pues fuimos predestinados conforme a los planes del que todo lo hace según el designio de su voluntad». Ahí no dice que obtendrás tu herencia, sino que ya la obtuviste. Has obtenido una herencia. Parte de tu herencia es tu posición en la familia de Dios en el cielo después de que tu cuerpo muera. Pero además, tienes derecho a gozar de tu herencia en Él, aquí en la Tierra. Actúa como Su heredero hoy mismo.

En Colosenses 1:12 leemos: «Darán las gracias al Padre, que nos hizo aptos para participar de la herencia de los santos en luz». La palabra apto significa: "idóneo o capaz". Dios te ha capacitado para recibir tu parte de la herencia de los santos. En los versículos 13-14 dice: «y que también nos ha librado del poder de la oscuridad y nos ha trasladado al reino de su amado Hijo, en quien tenemos redención por su sangre...». Tú ya obtuviste "redención", y eso te da el derecho de participar de la herencia de Jesús. ¡Es tuya! Puedes tomar posesión de ella, porque Dios ha dicho que sí puedes. La traducción literal de Colosenses 1:12, sería:

"Quien nos ha hecho capaces de disfrutar nuestra parte de la herencia".

Así que agradécele al Padre, por haberte facultado para gozar de esa herencia. ¡Gracias Dios! Alabar y agradecer al Padre son expresiones de vital importancia para aceptar tu herencia.

¿Qué heredaste en Jesús? ¿Sólo el cielo como tu casa? ¡No! Vemos en Hebreos 1:4 que dice: «Hecho tanto superior a los ángeles, cuanto heredó más excelente nombre que ellos» (RVR60). Has heredado Su Nombre, así como también Su autoridad. En otras palabras, has heredado el Reino de Dios. Colosenses 2:9-10 dice: «Porque en él habita corporalmente toda la plenitud de la Deidad, y en él, que es la cabeza de toda autoridad y poder, ustedes reciben esa plenitud». Esto significa que todo lo que le pertenece a la Deidad —Jesús, el Espíritu Santo, el Padre celestial, la mente de Cristo, la fe de Dios y Su amor—, ya ha sido establecido en ti. En tu interior se encuentra la vida misma de Dios, porque tú estás en Cristo Jesús.

Todo lo que Jesús obtuvo al haber resucitado de los muertos, y todo lo que ha recibido desde entonces, también te pertenece —no sólo una parte—, sino ¡el total! Cuando Jesús resucitó, recibió un cuerpo glorificado; por consiguiente, tú también recibirás uno. ¿Adónde se fue Cristo cuando resucitó? A la diestra del Padre, y ese mismo lugar es en donde te encuentras ¡ahora mismo! En Efesios 2:6 leemos: «y también junto con él nos resucitó, y asimismo nos sentó al lado de Cristo Jesús en los lugares celestiales». Jesús se levantó de entre los muertos por el poder de la fuerza de Dios y se ha sentado a la diestra del Padre en las regiones celestiales. Ese mismo poder es el que actuó dentro de ti cuando aceptaste a Cristo como el Señor de tu vida. Y ese poder te resucitó, y te ha sentado en los lugares celestiales juntamente con Cristo.

Él habita en tu interior, y tú estás dentro de Él. *La herencia de Jesús y la tuya es la misma.* Eres coheredero con Él.

El apóstol Pablo oró para que sean iluminados nuestros ojos del corazón para que sepamos a qué esperanza él nos ha llamado, cuál es la riqueza de su gloriosa herencia entre los santos, y cuán incomparable es la grandeza de su poder a favor de los que creemos (Efesios 1:18-19, *NVI*).

La incomparable grandeza de Su poder. ¿Qué significa para el creyente esa clase de poder? Continuemos leyendo Efesios 1:19-23 (*NVI*):

«…Ese poder es la fuerza grandiosa y eficaz que Dios ejerció en Cristo cuando lo resucitó de entre los muertos y lo sentó a su derecha en las regiones celestiales, muy por encima de todo gobierno y autoridad, poder y dominio, y de cualquier otro nombre que se invoque, no sólo en este mundo sino también en el venidero. Dios sometió todas las cosas al dominio de Cristo, y lo dio como cabeza de todo a la iglesia. Ésta, que es su cuerpo, es la plenitud de aquel que lo llena todo por completo».

El Cuerpo de Cristo es "Su plenitud". Él no está completo sin ti, y tú no estás completo sin Él.

En Colosenses 1:21–23, leemos: «También a ustedes… ahora los ha reconciliado completamente en su cuerpo físico, por medio de la muerte, para presentárselos a sí mismo santos, sin mancha e irreprensibles, siempre y cuando en verdad permanezcan cimentados y firmes en la fe, inamovibles en la esperanza del evangelio que han recibido…». No te alejes del evangelio, ni de las enseñanzas de la Palabra. No pienses de la siguiente manera: "Eso no puede ser para mí". No permitas que el diablo ni nadie te alejen de la herencia que legalmente te pertenece en Cristo Jesús. Y puesto que la Biblia dice que eres santo, sin mancha e irreprensible a los ojos de Dios, ¡entonces acéptalo para tu vida!

La Palabra establece que en Él eres limpio y puro delante de Dios. En Filipenses 2:15 dice: «Para que sean irreprensibles y sencillos, e intachables hijos de Dios en medio de una generación maligna y perversa, en medio de la cual ustedes resplandecen como luminares en el mundo». Nosotros brillamos como luces. ¿Dónde? *En el mundo.*

Tú formas parte del Cuerpo de Cristo aquí en la Tierra, lo cual significa que si estás en Su Cuerpo, entonces estás en Jesús. Eres una obra de arte creada en Cristo Jesús. Ante los ojos de Dios eres justo, irreprochable e inocente. Tu trabajo como creyente es pregonar la Palabra de vida en medio de esta generación maligna y perversa.

Si la revelación de tu redención en Cristo es real en tu vida, ninguna de tus oraciones quedará sin respuesta y todas tus necesidades serán suplidas. Cuando comprendas que tu herencia incluye el haber sido librado completamente de la maldición de la ley, entonces le cerrarás las puertas a Satanás y a las cosas de este mundo. Has sido redimido de la maldición; por tanto, no permitas que ésta siga influyendo en tu vida.

En Isaías 54:17 de la *Nueva Versión Internacional*, leemos: «No prevalecerá ninguna arma que se forje contra ti; toda lengua que te acuse será refutada. Ésta es la herencia de los siervos del Señor, la justicia que de mí procede —afirma el Señor—». Tu justicia proviene del Señor. Mírate a ti mismo de la manera que la Palabra te describe.

En 1 Juan 3:2, vemos: «Amados, ahora somos hijos de Dios…». ¿Cuándo? ¡AHORA! En Gálatas 4:7, Pablo escribió: «Así que ya no eres esclavo, sino hijo; y si eres hijo, también eres heredero de Dios por medio de Cristo».

La Palabra de Dios tiene el poder de darte una herencia. En Efesios 1:3 dice: «Bendito sea el Dios y Padre de nuestro Señor Jesucristo, que en Cristo nos ha bendecido con toda bendición espiritual en los lugares celestiales». El Señor ya ha derramado en tu vida todas las bendiciones que hay en el cielo. ¡Ya son tuyas! No obstante, Dios no te forzará a recibirlas. Eres tú quien debe aceptar tu herencia en Jesucristo (2 Corintios 5:17).

Viviendo en la justicia de Dios

«De modo que si alguno está en Cristo, ya es una nueva creación; atrás ha quedado lo viejo: ¡ahora ya todo es nuevo! Y todo esto proviene de Dios, quien nos reconcilió consigo mismo a través de Cristo y nos dio el ministerio de la reconciliación. Esto quiere decir que, en Cristo, Dios estaba reconciliando al mundo consigo mismo, sin tomarles en cuenta sus pecados, y que a nosotros nos encargó el mensaje de la reconciliación. Así que somos embajadores en nombre de Cristo, y como si Dios les rogara a ustedes por medio de nosotros, en nombre de Cristo les rogamos: «Reconcíliense con Dios». Al que no cometió ningún pecado, por nosotros Dios lo hizo pecado, para que en él nosotros fuéramos hechos justicia de Dios» (2 Corintios 5:17-21).

Como ya hemos visto, el estar en Cristo

Jesús te convierte en una nueva creación. Tu espíritu ha sido completamente recreado, pero tienes que entender que no eres un esquizofrénico espiritual —mitad Dios y mitad Satanás—. Eres completamente como Dios. El área conflictiva no radica en tu espíritu, sino en tu mente y en tu cuerpo.

Cada creyente tiene la responsabilidad de renovar su mente con la Palabra, y utilizarla para dominar su cuerpo. Leamos lo que dice en Efesios 4:20-24:

«Pero eso no lo aprendieron ustedes de Cristo, si es que en verdad oyeron su mensaje y fueron enseñados por él, de acuerdo con la verdad que está en Jesús. En cuanto a su pasada manera de vivir, despójense de su vieja naturaleza, la cual está corrompida por los deseos engañosos; renuévense en el espíritu de su mente, y revístanse de la nueva naturaleza, creada en conformidad con Dios en la justicia y santidad de la verdad».

En esta carta enviada a la iglesia de Éfeso, Pablo les explicaba que ya habían sido librados de los pecados de su carne y recreados en conformidad a la justicia de Dios. Sin embargo, era responsabilidad de ellos, como un acto de su propia voluntad, vestirse con el nuevo hombre que está en Cristo, y despojarse de las obras de la carne. Lo mismo debemos hacer los creyentes de hoy en día.

No es suficiente para ti saber que eres la justicia de Dios en Cristo. Necesitas además una comprensión total de qué es la justicia y qué significado tiene para ti como creyente. Muchos cristianos devotos viven por debajo del nivel de sus privilegios, pues ignoran la posición que tienen como hijos de Dios. La justicia es uno de los aspectos más importantes de la vida cristiana, si no estás familiarizado con ella, nunca obtendrás todo lo que te pertenece en Dios.

La palabra *justicia* literalmente quiere decir: "sin falta o defecto". Cuando alguien recibe a Jesús como el Señor de su vida, se convierte en una persona justa, sin falta. Este nuevo estatus, le otorga los derechos y privilegios de un hijo de Dios.

Algunas personas confunden la justicia con la santidad. La justicia no tiene relación alguna con la forma en la que actúas o te comportas. La santidad es tu conducta, mientras que la justicia es lo que tú ya eres —es decir, la naturaleza misma de Dios—. No se adquiere una posición aceptable delante del Señor mediante buenas obras o actuando bien, sino por fe en Cristo y en Su obra redentora en el Calvario.

Tu posición en el Cuerpo de Cristo puede compararse a tu condición de ciudadano en el país en que naciste, pues posees ciertos derechos que están enumerados en la Constitución. Éstos conforman la "Declaración de Derechos". Si nuestros ancestros hubieran usado terminología antigua, la habrían llamado la "Declaración de Justicia". Y mientras obedezcas las leyes de la nación, serás un ciudadano sin falta (o justo) delante del Gobierno.

Ese mismo principio se aplica a ti como hijo de Dios. Ser un creyente (al estar en Cristo Jesús) te convierte en ciudadano del reino de Dios y te da derechos para que puedas disfrutar de todos los beneficios de ese Reino. La Biblia es tu "Declaración de Justicia" espiritual; es decir, la constitución que incluye todos los derechos y privilegios disponibles para ti. Sin embargo, tú puedes gozar de esos derechos, o simplemente permitir que la ignorancia te robe la vida abundante que te pertenece.

Quizás el mejor ejemplo es la historia de un hombre que economizó y ahorró cada centavo hasta que finalmente pudo comprar un boleto para viajar en crucero a los Estados Unidos. Después de pagar, solo le quedó dinero para comprar un pedazo de pan con queso para comer durante el viaje. Él contemplaba con nostalgia los restaurantes del barco, y como la gente se gozaba y degustaba las comidas. La mañana en que arribaron a Nueva York, uno de los oficiales del barco le preguntó si lo habían ofendido de alguna manera, pues no los había acompañado nunca a la hora de comer. El hombre respondió: "¡No para nada! El problema es que sólo pude ahorrar para comprar mi boleto, y no tenía suficiente dinero para comer en los restaurantes". Entonces el oficial, que no podía creer lo que escuchaba, dijo: "Señor, lo lamento mucho, pero sus comidas estaban incluidas en el valor de su boleto".

Como cristianos tenemos una gran cantidad de privilegios a nuestra disposición. Jesús pagó el precio de estos beneficios en el Calvario; pero si no los conocemos, ¿cómo podremos aprovecharlos?

En Efesios 6:10-17 el apóstol Pablo describe la armadura de Dios. *Una de las piezas más importantes de ésta es la coraza de justicia.* Una coraza protege las partes vitales del cuerpo de un soldado. Estar ante Dios sin falta, es contar con esa coraza, la cual cubre la parte principal de la identidad de un cristiano —tu derecho a la autoridad que Jesús te dio—. Necesitas ponerte la coraza de justicia. Vístete con ella victoriosamente, y te dará la fuerza de la justicia para que actúe a tu favor.

La respuesta a tus oraciones es uno de los derechos que adquieres en el Reino. De acuerdo con 1 Pedro 3:12: «Porque los ojos del Señor están sobre los justos, y sus oídos están atentos a sus oraciones…». Y en Santiago 5:16 dice: «… La oración del justo es muy poderosa y efectiva». Cuando oras con fe, tienes derecho a esperar que tu Padre celestial te responda.

Madurar en lo que yo llamo una "conciencia de justicia", te dará como resultado una vida victoriosa. Jesús mantuvo una posición correcta ante el Padre durante Su vida terrenal, y los resultados que logró fueron asombrosos. Como hijo de Dios y coheredero con Cristo, tú deberías obtener los mismos resultados. Jesús dijo: «El que cree en mí, hará también las obras que yo hago; y aún mayores obras hará, porque yo voy al Padre» (Juan 14:12).

Invierte tiempo estudiando la Palabra de Dios y averigua por ti mismo cuáles son tus derechos. Cuando lo hagas, la justicia será una fuerza activa y poderosa en tu vida.

Permanece en una posición de autoridad

Una de las cosas más difíciles de comprender y aceptar entre los cristianos, es cómo vivir en una posición de autoridad.

En Colosenses 1:13 leemos que cuando aceptaste a Jesús como el Señor de tu vida, fuiste librado del poder de las tinieblas. La traducción literal de la palabra *poder* significa: "autoridad". Fuiste librado del dominio de la oscuridad, y fuiste trasladado al reino de Dios, el cual incluye el cielo y la Tierra. Jesús dijo: «…Toda autoridad me ha sido dada en el cielo y en la tierra. Por tanto, vayan…» (Mateo 28:18-19). Esa potestad te fue dada como parte de tu herencia en Cristo Jesús. Tienes una posición de autoridad porque estás en Él.

La Biblia explica en Romanos 5:18 que la justificación ha venido a todas las personas. Tal vez te preguntes: "Entonces, ¿por qué no todos llegan a ser justos?" Porque para recibir esa justicia uno necesita operar en justicia desde una posición de autoridad.

El 2 de noviembre de 1962, puse en práctica mi autoridad como ser humano al tomar una decisión: recibir a Jesús como el Señor de mi vida. En ese momento, la justicia que había estado disponible sobre mí, entró en mi ser; y fui *hecho* la justicia de Dios en Cristo. 2 Corintios 5:21 dice: «Al que no cometió ningún pecado, por nosotros Dios lo hizo pecado, para que en él nosotros fuéramos hechos justicia de Dios».

Como tú también recibiste a Jesús como tu Señor, entonces el nuevo nacimiento es una realidad en tu espíritu. Ahora eres la justicia de Dios en Cristo. El Padre desea tratarte de acuerdo con lo que eres ahora, como si nunca hubieras pecado. Por esa razón, Dios envió a Jesús a cargar con tus pecados en la Cruz, y así limpiarte completamente del pecado que tenías. El Padre te ve de la misma manera que ve a Jesús, porque tú estás en Él. Dios quiere tratarte como trata a Jesús —Así que, ¡no te opongas!—.

El poder de Dios está en Su Palabra. Él sostiene todas las cosas con la palabra de Su poder (Hebreos 1:3). Necesitas aprender a servir y a actuar desde la posición de autoridad que Él te ha dado como creyente. Durante Su ministerio terrenal, Jesús dijo cosas como: «…Levántate, toma tu lecho, y anda» (Juan 5:8). Y Hechos 3:6 relata que Pedro le dijo a un hombre cojo: «…En el nombre de Jesucristo de Nazaret, ¡levántate y anda!» Pedro también ministraba y hablaba con autoridad.

Ya es tiempo que como creyente empieces a actuar de esa manera. Has recibido una herencia, la cual incluye toda autoridad. ¡El Dios del Universo vive dentro tuyo! Él vive y obra en ti. Actúa como si llevaras a Dios en tu interior, y así comenzarás a vivir con autoridad.

Continúa fortaleciéndote en tu herencia. Vives en un mundo lleno de influencias malignas. Satanás quiere que olvides el hecho de que naciste de nuevo. Cuando leas en la Palabra los versículos que hablan acerca de que estás en Cristo, confiésalos con todo tu corazón. Así tendrás más seguridad, y permanecerás en tu posición de autoridad, actuando según tu herencia en Él.

Piensa como Jesús

Leamos Filipenses 2:5-6: "Que esa mente esté en ustedes, la misma mente de Cristo Jesús; quien, siendo en forma de Dios, no estimó una usurpación el considerarse igual a Dios" *(Traducción libre de la versión en inglés King James)*. Debes pensar como Jesús pensó: Él no pensó que fuera una usurpación el ser igual a Dios.

A continuación, en el versículo 8 leemos: «…se humilló a sí mismo y se hizo obediente hasta la muerte, y muerte de cruz». También debes humillarte a ti mismo. Nadie más puede hacerlo por ti. Tienes que humillarte a ti mismo bajo la poderosa mano de Dios, recordando al mismo tiempo que eres un coheredero con Cristo (1 Pedro 5:6; Romanos 8:17).

Reyes y sacerdotes

De acuerdo con Romanos 8:29, Jesús es «… el primogénito entre muchos hermanos». ¡Gloria a Dios! Jesús ya no es el único Hijo de Dios. En Apocalipsis 1:5-6 se describe a Jesús como:

«… soberano de los reyes de la tierra. Él nos amó; con su sangre nos lavó de nuestros pecados, y nos hizo reyes y sacerdotes para Dios, su Padre. Por eso, a él sea dada la gloria y el poder por los siglos de los siglos». Has sido hecho rey y sacerdote para Dios, gracias a Jesucristo y a la herencia que Él proveyó para ti.

Desde Hechos hasta Apocalipsis, a Jesús se le conoce como el *primogénito de los muertos*. Si a alguien se le llama un primogénito, es porque existe un segundo, un tercero, un cuarto hijo, etcétera. Cada creyente es un hijo de Dios. Somos miembros de la familia del Señor, y herederos de todo lo que Él posee.

Jesús te hizo un rey y un sacerdote. También te hizo la justicia de Dios en Él. En Cristo, tú eres *el acepto*. En Él eres *el amado*. Eres Su *elegido* —eres real sacerdocio que ha sido comprado con Su sangre— y hecho Su propio hijo.

En 1 Juan 4:17, leemos: «En esto se perfecciona el amor en nosotros: para que tengamos confianza en el día del juicio, pues como él es, así somos nosotros en este mundo». Como Él es, ¡así eres *tú* en este mundo! Porque aceptaste el sacrificio de Jesús en el Calvario y confesaste que Jesús es el Señor de tu vida, ahora tienes el poder y la autoridad de actuar según la herencia que Él ha puesto a tu disposición. Pero si desconoces lo que te pertenece, no podrás disfrutar de Sus beneficios. Descubre lo que incluye tu herencia en Cristo Jesús, y luego resiste toda influencia que trate de desviarte de la Palabra.

Lucas 12:31-32 dice: «Busquen ustedes el reino de Dios, y todas estas cosas les serán añadidas». Es la voluntad de Dios darte el Reino ¡Todo el Reino! Cuando creas con todo tu corazón el hecho real de que eres un heredero del Todopoderoso, quien te entregó todo el Reino y te instruyó para buscar primero ese Reino —recibirás todos los beneficios de tu herencia—. Crecerás y te desarrollarás en la Palabra.

Sin embargo, jamás recibirás parte alguna de tu herencia hasta que empieces a pensar, hablar y actuar de acuerdo con tu calidad de heredero de Dios. Si reconoces que estás en Cristo Jesús, que has recibido una herencia, que tienes el derecho de gozar de todas las bendiciones y promesas de la Palabra, y permites que todo eso le dé seguridad a tu espíritu, entonces verás cómo la provisión del Señor se vuelve parte de todas las áreas de tu vida.

¿Cómo te presentas ante Dios? ¿Cómo un rey o como un mendigo? ¿Te diriges a Él esperando recibir una limosna?

Cuando aceptaste a Jesús como tu Señor, Él hizo que puedas estar en la presencia de Dios Padre como un rey y un sacerdote, no como un mendigo —y como la justicia de Dios en Cristo, no como un pecador—. Has sido rescatado del reino de las tinieblas, y has sido trasladado al Reino del amado Hijo de Dios para recibir Su reinado y Su sacerdocio. ¡Eres un rey y un sacerdote en Cristo Jesús!

Oración para recibir salvación y el bautismo del Espíritu Santo

Padre celestial, vengo a Ti en el nombre de Jesús. Tu Palabra dice: «Y todo el que invoque el nombre del Señor será salvo» (Hechos 2:21). Estoy invocándote. Oro y te pido Jesús, que vengas a mi corazón y seas el Señor de mi vida de acuerdo con Romanos 10:9–10: «Si confiesas con tu boca que Jesús es el Señor, y crees en tu corazón que Dios lo levantó de los muertos, serás salvo. Porque con el corazón se cree para alcanzar la justicia, pero con la boca se confiesa para alcanzar la salvación». Yo confieso ahora que Jesús es el Señor, y creo en mi corazón que Dios le resucitó de entre los muertos. Me arrepiento del pecado. Renuncio al pecado. Renuncio a al diablo y a todo lo que él representa. Jesús es mi SEÑOR.

¡Ahora he nacido de nuevo! ¡Soy cristiano, hijo del Dios todopoderoso! ¡Soy salvo! Señor, también dices en Tu Palabra: «Pues si ustedes, que son malos, saben dar cosas buenas a sus hijos, ¿cuánto más el Padre celestial dará el Espíritu Santo a quienes se lo pidan?» (Lucas 11:13). Entonces, te pido que me llenes con Tu Espíritu. Santo Espíritu, crece dentro de mí a medida que alabo a Dios. Me mantengo a la expectativa de hablar en otras lenguas, según Tú me concedas expresar (Hechos 2:4). En el nombre de Jesús, ¡Amén!

Comienza a alabar a Dios en este instante por llenarte con el Espíritu Santo. Pronuncia esas palabras y sílabas que recibes; no hables en tu idioma, sino en el lenguaje que el Espíritu Santo te esté dando. Debes usar tu propia voz, ya que Dios no te forzará a hablar. No te preocupes por cómo suena, pues ¡son lenguas celestiales!

Continúa con la bendición que Dios te ha dado, y ora en el espíritu cada día.

Ahora que eres un creyente renacido y lleno del Espíritu Santo. ¡nunca más serás el mismo!

Busca una iglesia donde se predique la Palabra de Dios con valentía y en obediencia. Busca conectarte con una iglesia que te ame y te cuide, y haz lo mismo por ellos.

Necesitamos estar conectados entre nosotros; al hacerlo aumentamos nuestra fuerza en Dios. Es el plan de Dios para la iglesia.

No dejes de sintonizar nuestro programa *La Voz de Victoria del Creyente,* disponible en varias estaciones de TV y en la internet. Vuélvete un hacedor de la Palabra. Serás bendecido al ponerla en práctica (lee Santiago 1:22–25).

Acerca del autor

Kenneth Copeland es cofundador y presidente de los Ministerios Kenneth Copeland en Fort Worth, Texas, y autor de varios libros entre los cuales se incluyen: *LA BENDICIÓN del Señor enriquece y no añade tristeza con ella*, y *Honor: viviendo en honestidad, verdad e integridad*.

Desde 1967, Kenneth ha ministrado el evangelio de Cristo y enseñado la Palabra de Dios como maestro. Adicionalmente, ha grabado discos como cantante y recibido premios por sus álbumes: *Only the Redeemed* (también nominado al premio Grammy), *In His Presence, He Is Jehovah, Just a Closer Walk* y *Big Band Gospel*. Como actor en su papel de Wichita Slim, es coprotagonista de los videos infantiles: *The Gunslinger, Covenant Rider*, y de la película: *The Treasure of Eagle Mountain*. Asimismo, personificó el papel de Daniel Lyon en los videos Commander Kellie and the Superkids:™ *Armor of Light*, y *Judgment: The Trial of Commander Kellie*. También es coprotagonista en las películas *The Rally* (estrenada en el 2009) y *The Rally 2: Rompiendo la Maldición* (estrenada en el 2016), en su papel de padrino hispano.

Con la ayuda de su equipo y oficinas en los Estados Unidos, Canadá, Inglaterra, Australia, Sudáfrica, Ucrania, y la flamante inauguración de la oficina para Latinoamérica en Colombia, Kenneth está cumpliendo su visión de predicar con valentía la Palabra incorruptible de Dios desde la cima más alta hasta el valle más profundo, y en todos los confines de la Tierra. Su ministerio alcanza a millones de personas en el mundo por medio de programas televisivos semanales, revistas, mensajes en audio y video, convenciones y campañas, y a través de la red mundial internet.

Adquiera más información acerca de los Ministerios Kenneth Copeland visitando nuestra página web **es.kcm.org**

Cuando el SEÑOR les indicó a Kenneth y Gloria Copeland que iniciaran la revista *La voz de victoria del creyente*, les diho:

Ésta es su semilla. Envíenla a todo aquel que responda a su ministerio, y ¡jamás permita que alguien pague por la suscripción!

Ha sido un gozo para los Ministerios Kenneth Copeland compartir las buenas nuevas a los creyentes por más de 50 años. Los lectores disfrutan enseñanzas por ministros que escriben acerca de sus vidas en comunión con Dios, y testimonios de creyentes que experimentan la victoria en su vida diaria a través de la Palabra.

La revista *LVVC* es enviada mensualmente por correo, llevando ánimo y bendición a los creyentes de todo el mundo. Incluso, muchos de ellos la utilizan como una herramienta para ministrar, o la obsequian a otras personas que ¡desean conocer a Jesús y crecer en su fe!

¡Solicite hoy mismo tu suscripción GRATUITA a la revista *La voz de victoria del creyente!*

Visita **es.kcm.org/LVVC**, o llámanos a los teléfonos:

1-800-600-7395 (EE. UU.)

+1-817-852-6000 (Internacional)

Nuestros ministros de **habla hispana** están esperando tu llamada.

¡Estamos aquí para usted!®

Su crecimiento en la PALABRA de Dios y su victoria en Jesús son el centro mismo de nuestro corazón. Y en cada área en que Dios nos ha equipado, le ayudaremos a enfrentar las circunstancias que está atravesando para que pueda ser el victorioso vencedor que Él planeó que usted sea.

La misión de los Ministerios Kenneth Copeland, es que todos nosotros crezcamos y avancemos juntos. Nuestra oración es que usted reciba el beneficio completo de todo lo que el SEÑOR nos ha dado para compartirle.

Dondequiera que se encuentre, puede mirar el programa La voz de victoria del creyente por televisión (revise su programación local) y por la Internet visitando kcm.org.

Nuestro sitio web: es.kcm.org, le brinda acceso a todos los recursos que hemos desarrollado para su victoria. Y, puede hallar información para comunicarse con nuestras oficinas internacionales en África, Australia, Canadá, Europa, Ucrania, y con nuestras oficinas centrales en Estados Unidos de América.

Cada oficina cuenta con un personal dedicado, preparado para servirle y para orar por usted. Puede comunicarse con una oficina a nivel mundial más cercana a usted para recibir asistencia, y puede llamarnos para pedir oración a nuestro número en Estados Unidos, 1-817-852-6000, de lunes a viernes.

Le animamos a que se comunique con nosotros a menudo y ¡nos permita formar parte de su andar de fe de cada día!

¡Jesús es el SEÑOR!

Kenneth y Gloria Copeland